KB205826

하나님과의
친밀감

분주한 하루, 하나님 앞에 머무는 10분

석용욱의
그림묵상
30 days

글/그림 석용욱

처음과나중

'내 마음이 멈춘 그림묵상' 15주년 개정판을 준비하며.

저는 그림쟁이입니다.

글도 쓰고 디자인도 하고 강연도 다니지만 본질적으로는 그림쟁이입니다. 그래서 직접 그린 그림만큼은 엄격한 잣대를 들이댈 수밖에 없습니다. 독자는 큰 차이를 느끼지 못할지라도….

하지만 글은 다릅니다. 모니터를 뚫어지게 쳐다보며 쓰고 고치지만 자기 검열은 할 줄 모릅니다. 최선을 다하기는 마찬가지지만 안목이 부족해 엄격한 잣대를 들이대기에는 분명 한계가 있습니다. 아마도 이런 까닭에 스스로를 그림쟁이로 정의하게 되는 것 같습니다.

그런 연유로 개정판 출간을 결정하기가 쉽지 않았습니다. 15년 전 그림을 다시 선보이는 것은 다 큰 성인이 미숙했던 유아 시절을 끄집어내는 것처럼 민망하고 부끄러운 일이었기 때문입니다. 여러 번의 개정판 출간 요청을 거듭 고사(固辭)했던 것도 바로 그 이유 때문이었습니다.

그러던 중 어느 유명 교회 목사님께서 주일 설교에 제 그림을 인용하셨습니다. 설교 화면에 제 그림을 띄우고 책 제목까지 거론하며 예화로 사용하셨지요. 이후 역주행 시작, 책 판매율이 갑작스럽게 치솟았습니다. 무려 십여 년 전 출간되어 독자들에게 잊힌 책이었음에도 불구하고… 한 권이라도 더 팔아 보려고 그토록 몸부림쳤건만, 결국 책도 내 것이 아니었습니다.

그렇게 개정판을 내기로 결정했습니다. 그림에 대한 과도한 책임감과 완성도에 대한 욕심을 비우고 15년 전 그림 그대로 싣기로…. 그 시절의 그림 작업은 출간이나 독자를 의식하지 않은 순수한 영적 행위, 하나님께 드리는 예배 그 자체였기 때문입니다. 부족한 완성도를 오히려 하나님의 개입 여지로 남기기로 결심했습니다.

그 시절의 그 마음을 당신께 전합니다. 당신이 앞으로 걷게 될 30일간의 여정을 축복하며.

Contents

책의
효과적인
활용 팁

책의 구성

1. 그림과 간증 2. 질문과 적용 3. 성경 말씀 4. 기도

- 그룹 혹은 개인의 필요에 따라 활용하십시오.
- 경건의 습관화를 위해 일정한 시간에 지정된 장소에서 하시길 권장합니다.
- 시작 전 기도로 성령의 은혜와 도움을 구하십시오.

1. 그림과 간증

천천히 읽고 묵상하세요. 생각 속에서 일하실 하나님을 기대합니다.

2. 질문과 적용

정해진 답은 없습니다. 본인의 생각을 편안히 적으세요.

묵상 시의 영감을 구체적 행동으로 실천할 그날의 적용점을 찾으세요.

(실천할 적용점을 찾는 것은 마치 음식을 섭취만 하는 것이 아니라,

섭취 후 소화시키는 것과 같은 과정입니다.)

3. 성경 말씀

앞뒤 전후로 깊이 묵상하며 맥락과 주제를 함께 파악하시길 권장합니다.

성경 공부를 함께 진행하면 더욱 좋습니다.

4. 기도

조용히 기도문을 읊거나 개인적인 감사 기도로 묵상을 마무리하십시오.

Chapter 1

하나님을 만나다

Chapter 1 하나님을 만나다

나의 하나님

모세는 여호와께서 대면하여 아시던 자요

신명기 34:10

목사님의 하나님
부모님의 하나님
셀 리더의 하나님도 좋지만…
나의 하나님,
나의 하나님을 꼭 만나고 싶습니다.

목사님이 교회 복도에서 대화를 나누고 계셨습니다.

당연히 나를 모르실 거라 예상하며 고개를 푹 숙인 채 옆을 지나는 순간 목사님이 이름을 부르셨습니다. '안경테가 바뀌었네?' 하며 얼마 전 새로 교체한 안경테까지 언급하셨지요. 순간 너무 당황하여 '네! 네!' 하고 황급히 빠져나왔습니다. 나를 모르실 거라 생각했는데 이름을 불러 주시고 관심을 표해 주시니 갑자기 가까워진 느낌이었습니다. 앞으로는 꼭 먼저 인사하고 말도 건네 봐야겠다는 생각이 들었습니다. 멀리서 설교로만 보고 듣던 우리 목사님이 '나의 목사님'이 되는 순간이었습니다.

담임 목사님과 개인적 관계만 형성돼도 이 정도인데 하물며 하나님은 어떨까요? 부모님께 전해 듣고 목사님께 전해 듣고, 늘 누군가를 통해 간접적으로 알아 가던 하나님이 '나의 하나님'이 되는 순간이라니! 상상만 해도 설렙니다. 이제는 하나님도 '우리 하나님'이 아닌 '나의 하나님'이 되면 좋겠습니다.

1 내가 믿는 하나님은 '누구의 하나님' 인가요?

2 어떻게 하면 '나의 하나님' 을 만날 수 있을까요?

오늘
적용
실천

📖 묵상 노트

그 후에는 이스라엘에 모세와 같은 선지자가 일어나지 못하였나니

모세는 여호와께서 대면하여 아시던 자요

신명기 34:10

오늘의
기도

하나님을 인격적으로 만나는 것이 신앙생활의 큰 축복임을 압니다.
그 축복을 사모하며 당신과 동행하는 하루가 되게 하소서.

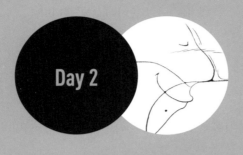

아바 하나님

우리가 아빠 아버지라고 부르짖느니라

로마서 8:15

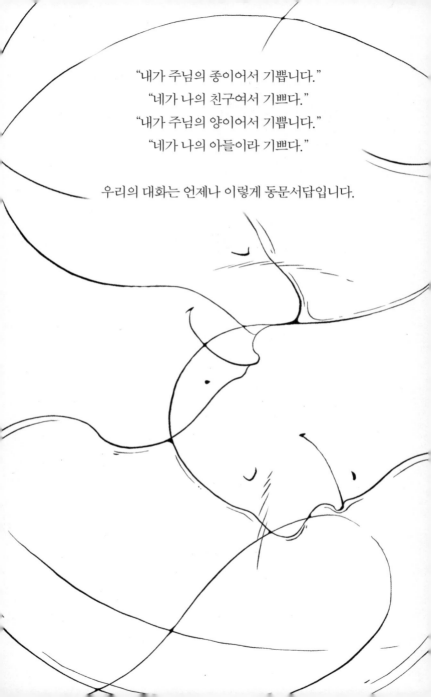

"내가 주님의 종이어서 기쁩니다."
"네가 나의 친구여서 기쁘다."
"내가 주님의 양이어서 기쁩니다."
"네가 나의 아들이라 기쁘다."

우리의 대화는 언제나 이렇게 동문서답입니다.

조금씩 잊히고 있었습니다.

더 젊고 뛰어난 작가들의 책이 서점 가판대를 장식할수록 제 책은 점차 밀려나고 있었지요. '작품 활동 그만 접어야 하나…' 하고 고민을 거듭하며 기도처를 찾던 중, 인적 드문 한 선교관을 발견했습니다. 곧바로 그곳을 향해 달려갔지요. 마음이 위축되고 한없이 낮아진 터라 기도가 안 나왔습니다.

그러던 어느 날, 한 청년이 다가와 묻더군요. "혹시 석용욱 작가님이세요? 저도 그림 전공자인데 평소 작가님 작품을 무척 좋아했습니다. 제 롤모델이세요." 맙소사! 한물간 작가에게 롤모델이라니요. 잠시나마 주목받고 인기 좀 얻던 시절에는 그런 응원이 감동으로 다가오지 않았습니다. 참 교만했지요. 하지만 낮아질 대로 낮아진 그때, 기대치 못한 장소에서 받은 예상치 못한 응원은 참 감격스러웠지요. 황송해 어쩔 줄 몰라 하던 기억이 생생합니다. 나를 다시 작가로 태어나게 한 그 응원의 한 마디.

하나님의 자녀가 됐다는 것은 우주적 사건입니다. 하지만 마음의 기준이 높으면 감격으로 다가오지 않지요. 낮아져야 감동도 배가 됩니다. 그래서 '종'의 신분도 유지해야 합니다. 내가 종으로 낮출 때 주님이 자녀로 높여 주시는 것, 이상적인 모습입니다. 주님과 늘 동문서답해야 하는 이유입니다.

1 자녀는 어떤 존재일까요?

2 하나님의 자녀가 된다는 것은 무슨 의미일까요?

오늘
적용
실천

📖 묵상 노트

너희는 다시 무서워하는 종의 영을 받지 아니하고
양자의 영을 받았으므로 우리가 아빠 아버지라고 부르짖느니라

로마서 8:15

오늘의
기도 🔔

주님의 자녀 된 감격을 말로 다 표현할 수 없습니다.
하지만 나는 연약하여 그 감격을 수시로 잊고 살아갑니다.
자녀 된 감격에 깊이 잠기는 하루가 되게 하소서.

찾으시는 하나님

너희 중에 어떤 사람이 양 백 마리가 있는데
그중의 하나를 잃으면 아흔아홉 마리를 들에 두고
그 잃은 것을 찾아내기까지 찾아 다니지 아니하겠느냐

누가복음 15:4

내가 그리스도를 찾고 있다고 생각하던 그 순간에도 나는 그리스도에 의해 발견된 사람일 뿐이었습니다.

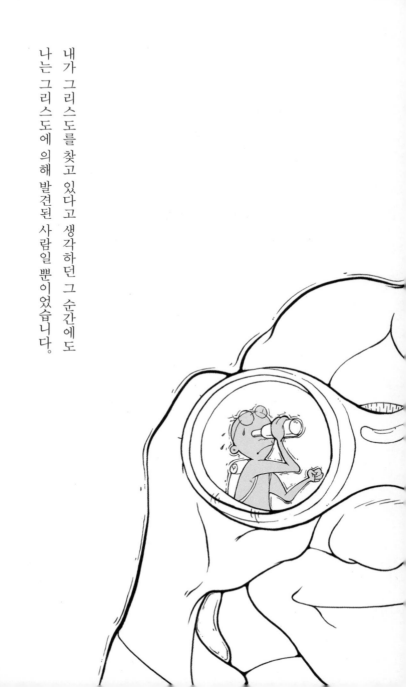

엄마를 잃어버린 적이 있습니다.

초등학교 입학 전 놀이공원에서 놀이 기구에 정신이 팔려 엄마 손을 놓쳐 버린 것입니다. 엄마를 잃어버렸다는 사실을 알게 된 순간 그 자리에서 주저앉아 버렸습니다. 한 시간 가까이 울며 엄마를 찾았습니다. 가까스로 엄마를 찾아냈고 놀란 가슴을 진정시키며 집으로 돌아왔지요. 그 뒤로 며칠간 악몽을 꾸기도 했습니다.

훗날 나는 알게 되었습니다. 그 사건이 엄마에게 더 큰 트라우마로 남았다는 것을요. 엄마는 나를 잃어버린 순간 패닉에 빠져 나를 찾아 헤맸다고 합니다. 나는 근처를 배회했지만 엄마는 놀이공원 전체를 뒤지고 다녔고, 내가 울먹이고 있을 때 엄마는 내 이름을 목청껏 외쳤다고 합니다. 어른의 보폭과 아이의 보폭, 어른의 속도와 아이의 속도, 어른의 소리와 아이의 소리, 누가 더 많이 움직이고 더 크게 소리쳤을까요? 결론적으로는 내가 엄마를 찾은 것이 아니라 엄마가 나를 찾아낸 것이었습니다.

그리하여 알게 됐습니다. 내가 그리스도를 찾고 있다고 생각하던 그 순간에도 나는 그리스도에 의해 그저 발견된 사람일뿐이라는 것을….

1 당신은 언제 하나님을 구하고 찾나요?

2 하나님께 '발견된' 순간을 되새겨 봅시다.

📖 묵상 노트

너희 중에 어떤 사람이 양 백 마리가 있는데
그중의 하나를 잃으면 아흔아홉 마리를 들에 두고
그 잃은 것을 찾아내기까지 찾아 다니지 아니하겠느냐
또 찾아낸즉 즐거워 어깨에 메고 집에 와서
그 벗과 이웃을 불러 모으고 말하되
나와 함께 즐기자 나의 잃은 양을 찾아내었노라 하리라

누가복음 15 : 4~6

오늘의
기도

당신이 나를 찾아 주셨다는 사실이 얼마나 큰 위안인지요.
나는 늘 한눈팔며 길에서 벗어나지만
나를 지켜보시는 당신이 계시기에 언제라도 돌아올 수 있습니다.
그것이 진정한 안정감입니다.

Day 4

크신 하나님

천지에 있는 것이 다 주의 것이로소이다

역대상 29:11

내가 얼마나 작은지 알아야
하나님이 얼마나 크신지도 알게 됩니다.

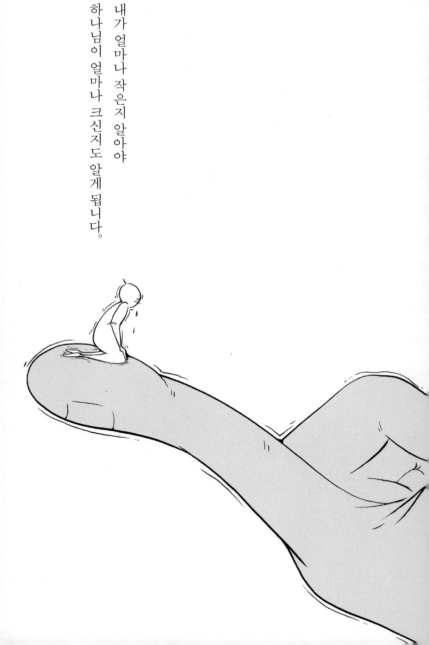

남태평양의 섬나라를 여행한 적이 있습니다.

푸른 하늘과 넓은 바다, 곳곳의 야자수 등 기억에 남는 풍경이 많지만 가장 인상적으로 남은 것은 사람들, 남태평양 남자들이었습니다. 바로 그들의 거대한 체격 때문입니다. 우람한 어깨와 굵은 허벅지, 머리 하나 이상은 훌쩍 넘는 큰 키 등, 그곳에서 저는 딱 중학교 1, 2학년 정도의 체격이었습니다.

어느 날 숙소 앞 편의점에서 물건 값을 계산하던 중, 고등학생들 틈에 묻혀 버린 적이 있습니다. 거구의 학생들 틈에 묻히니 햇빛이 가려지며 시야가 어두워졌습니다. 그들 틈바구니에 끼여 내 머리 위에서 주고받는 그들의 대화를 듣고 있으려니 침이 이슬비처럼 내렸습니다. 그 순간 한국에서 누가 몇 센티 더 큰가 작은가를 놓고 친구와 갑론을박을 벌이던 모습이 떠올랐습니다. 월등하게 큰 사람들 앞에서는 아무 의미 없는 짓이었습니다. 겸허히 마음을 비우며 몰래 깔아 놓은 키 높이 깔창도 그 자리에서 빼 버렸습니다.

하나님을 만난 사람은 자신이 소자(小子)임을 깨달을 수밖에 없습니다. 그분을 제대로 만났다면 함부로 자신을 높일 수 없습니다. 진짜 현실감이 생기기 때문입니다.

1 내가 작다고 느껴질 때는 언제인가요?

2 그때 나는 어떤 하나님을 만났습니까?

📖 묵상 노트

여호와여 위대하심과 권능과 영광과 승리와 위엄이
다 주께 속하였사오니 천지에 있는 것이 다 주의 것이로소이다
여호와여 주권도 주께 속하였사오니 주는 높으사
만물의 머리이심이니이다
부와 귀가 주께로 말미암고 또 주는 만물의 주재가 되사
손에 권세와 능력이 있사오니
모든 사람을 크게 하심과 강하게 하심이 주의 손에 있나이다

역대상 29:11~12

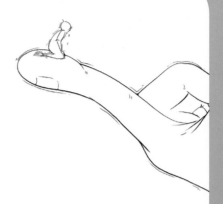

하나님.
스스로가 작게 느껴지는 시간들이
그리 좋은 경험만은 아닙니다.
하지만 그 과정에서 당신의 크심을 알았습니다.
나의 작음을 알고 당신의 크심을 알아
하나님을 더욱 의지하는 하루가 되게 하소서.

Day 5

만나 주시는 하나님

여호와께서 큰 동풍이 밤새도록
바닷물을 물러가게 하시니
물이 갈라져 바다가 마른 땅이 된지라

출애굽기 14:21

위기 중에 하나님을 만난 것이

하나님 없이 평탄하게 사는 것보다 복된 일입니다.

하나님을 만났기 때문입니다.

더 이상 도망갈 곳이 없었습니다.

아르바이트도 잘리고 프러포즈한 여성에게도 차여 인생 최악의 시간을 보내고 있었기 때문입니다. 도망칠 곳 없어 헤매던 그때 하나님을 만났습니다. 더 정확히는 인생의 가장 어두운 시간과 장소에 하나님이 먼저 와 기다리고 계셨다는 표현이 맞을 것입니다.

높은 신분, 눈부신 자리에서 그분을 만난다면 얼마나 좋을까요? 하지만 이상하게도 그런 자리에서 하나님을 만나기는 쉽지 않습니다. 대부분 하나님을 깊이 만난 사람들은 위기와 같은 시련을 맞닥뜨렸을 때였다고 고백합니다. 내 힘으로 해결하기 어려운 문제가 닥쳐야 더 큰 존재를 찾기 때문입니다. 그런 의미에서 위기는 하나님을 만날 수 있는 새로운 기회입니다.

물론 위기를 반기는 사람은 아무도 없습니다. 할 수만 있다면 위기나 시련 따위는 피해 가고 싶은 것이 인간의 본능입니다. 그럼에도 불구하고 위기도 없고 하나님도 없는 삶보다는 위기 속에서 하나님을 만나는 삶이 더 복된 삶입니다. 이유는 단 하나, 하나님을 만났기 때문입니다. 하나님을 만난다는 것은 인간의 일생에서 그만큼 중요한 일입니다.

1 인생의 위기 중 하나님을 체험한 적이 있습니까?

2 그때 어떤 하나님을 만났습니까?

📖 묵상 노트

모세가 바다 위로 손을 내밀매
여호와께서 큰 동풍이 밤새도록 바닷물을 물러가게 하시니
물이 갈라져 바다가 마른 땅이 된지라

출애굽기 14:21

오늘의
기도 🔔

하나님.
저는 연약하여 위기와 시련 앞에 뒷걸음칩니다.
그러나 그 순간이야말로
당신을 깊이 만날 수 있는 절호의 기회임을 압니다.
인생의 위기 앞에 섰을 때 친히 만나 주시고
함께하시는 하나님을 경험하게 하여 주소서.
하나님을 더욱 의지하는 하루가 되게 하소서.

Day 6

형언할 수 없는 하나님

내가 하늘에 올라갈지라도 거기 계시며
스올에 내 자리를 펼지라도 거기 계시니이다

시편 139:8

하나님은 재즈 같은 분입니다.

공식이 있는 것 같지만 없고

틀을 가지고 있지만 얽매이지 않으며

종교 안에 있지만 종교를 뛰어넘어 존재하는 분.

재즈는 음악이면서도 종이에 담기가 아주 어렵고

오히려 영혼의 언어에 가깝다.

마치 영혼이 자유에 대해 뭔가를 말하는 것 같다.

그리고 나는 기독교 영성이 이런 재즈 음악 같다고 생각한다.

예수님을 사랑한다는 것은 마음으로 느껴지는 문제이지

종이에 담기가 매우 어렵다.

그럼에도 엄연히 현실이고 의미 있고 아름답다.

- 도널드 밀러, 『재즈처럼 하나님은』 (복있는사람)

도널드 밀러의 말처럼 하나님을 어떤 분이라고 단순히 정의 내릴 수 없습니다. 때로는 아버지 같기도 하고 때로는 어머니 같기도 하며 때로는 코치나 선생님 그리고 친구로 느껴지기도 합니다. 영상이나 음악을 통해 말씀하시기도 하고 사람들과의 대화 중에 계시기도 하며 산책 중에 찾아오시기도 합니다. 하나님은 당신이 원하는 방식으로 원하는 때에 여러 통로를 통해 소통하시니 그분을 함부로 재단하거나 측량할 수 없습니다.

무소부재하신 하나님을 당신도 알게 되면 좋겠습니다. 교회보다 크고 기독교보다 광대하신 하나님을. 틀에 담기지 않는 음악 '재즈' 처럼 말입니다.

1 교회 밖에서 하나님을 체험한 적이 있나요?

2 교회 밖에서 체험한 하나님과
교회 안에서 체험한 하나님은 어떤 차이가 있나요?

📖 묵상 노트

이 지식이 내게 너무 기이하니 높아서 내가 능히 미치지 못하나이다

내가 주의 영을 떠나 어디로 가며 주의 앞에서 어디로 피하리이까

내가 하늘에 올라갈지라도 거기 계시며

스올에 내 자리를 펼지라도 거기 계시니이다

내가 새벽 날개를 치며 바다 끝에 가서 거주할지라도

거기서도 주의 손이 나를 인도하시며 주의 오른손이 나를 붙드시리이다

시편 139 : 6~10

오늘의
기도

형식과 틀 안에도 계시지만 그 밖에도 계신 하나님.
종교의 형식을 넘어 모든 삶 속에서 당신을 만나고 싶습니다.
당신과 동행하는 일상이 되게 하소서.
함께하시는 하나님을 경험하게 하여 주소서.
하나님을 더욱 의지하는 하루가 되게 하소서.

아름다운 하나님

주의 이름이 온 땅에 어찌 그리 아름다운지요

시편 8:1

천국이 아름다운 이유는 하나님이 계시기 때문입니다.

요한계시록에는 천국이 묘사되어 있습니다.

모든 길에는 순금이 깔려 있고 문들은 진주로 만들어졌으며 보석으로 치장된 기초석들이 있다고 묘사되어 있습니다. 성도를 위해 예비된 저택과 하나님을 찬양할 성전은 그 아름다움과 규모가 화려하고 웅장해서 인간의 언어로는 다 담아낼 수 없을 정도입니다. 언젠가 하나님 앞에 서는 날 우리도 두 눈으로 확인해 볼 수 있을 것입니다.

그렇다고 너무 큰 기대는 금물입니다. 생각보다 소박하다며 실망할지도 모릅니다. 화려하고 눈부신 그 모든 것들이 오히려 우리의 이목을 전혀 끌지 못하는 부수적인 요소에 불과할 수도 있습니다.

이미 하나님이 계시기 때문입니다.

1 내가 상상하는 천국을 자유롭게 스케치해 봅시다.

📖 묵상 노트

여호와 우리 주여 주의 이름이 온 땅에 어찌 그리 아름다운지요

주의 영광이 하늘을 덮었나이다

시편 8:1 │ 8편 전체 묵상하기

오늘의
기도

선조들이 믿음의 역경을 견딜 수 있던 것은
천국에 대한 소망이 있었기 때문입니다.
주님, 저도 그 소망을 품기 원합니다.
당신을 만날 날에 대한 소망을 품는 하루가 되게 하소서.

Day 8

사랑하는 하나님

우리를 우리 주 그리스도 예수 안에 있는
하나님의 사랑에서 끊을 수 없으리라

로마서 8:39

다양한 사고가 요구되는 바쁘고 복잡한 세상 속에서

한 가지 생각밖에 할 줄 모르는 사람은 바보입니다.

그래서 예수님도 바보입니다.

"잘 생각해. 믿음이 다가 아냐….."

아내가 선교단체 간사인 나와 결혼한다고 했을 때 지인들로부터 들은 우려의 소리입니다. 당연한 반응입니다. 저를 무시하거나 믿음이 부족해서가 아닙니다. 남자의 경제력은 결혼 전 신중히 고려해야 할 요소인 만큼 아내를 아끼는 지인들로서 반드시 짚고 가야 하는 부분이었습니다.

사실 나란 인간만 놓고 보면 고민할 요소가 너무 많았습니다. 가진 것 없는 불투명한 미래와 선교 헌금에 의지하는 불안정한 경제력. 그게 다가 아닙니다. 조건이 이리 안 좋으면 인성이라도 좋아야 하는데 성격은 또 어찌나 예민한지…. 하나하나 따져 보면 아주 복잡해집니다. 내가 아내라도 '나 같은 놈'을 배우자로 선택하기 쉽지 않았을 것입니다.

"하나님이 책임져 주시겠지."

아내는 짧게 대답했다고 합니다. 하나님이 보내 주신 사람이니 하나님이 다 책임지실 것이라는…. 수많은 우려 속에서도 그 사실 하나만 생각하며 결혼을 결정했습니다. 단순하고 우직하게 말입니다. 마치 예수님처럼.

1 단순함과 무지함의 차이는 무엇일까요?

2 너무 앞뒤를 재다가 일을 그르친 적이 있나요?

오늘
적용
실천

📖 묵상 노트

높음이나 깊음이나 다른 어떤 피조물이라도

우리를 우리 주 그리스도 예수 안에 있는

하나님의 사랑에서 끊을 수 없으리라

로마서 8:39

오늘의
기도

복잡한 세상에서 단순하게 살아가게 하옵소서.
뱀 같은 지혜를 꾀하기에 앞서 비둘기 같은 순결을 품는
그런 하루가 되게 하소서.

Day 9

구원의 하나님

참으로 나의 의로운 오른손으로 너를 붙들리라

이사야 41:10

우리를 구원하실 때는 밧줄을 던져 주시지 않아요. 직접 뛰어드십니다. 그것이 예수님의 방법입니다.

성수가 풀장에 빠졌습니다.

수련회에 온 아이들 식당 봉사를 해 주시는 집사님의 여섯 살배기 아들이었습니다. '첨벙!' 소리와 함께 이어진 0.1초…. 그 찰나가 그렇게 긴 줄 몰랐습니다. 주머니 속 지갑과 핸드폰, 차 키 등등…. 많은 것들이 뇌리를 스쳐 지나갔습니다. 그 물건들이 젖는 장면이 떠오르자 나는 뛰어들기를 주저할 수밖에 없었습니다.

그사이 교회 동생 하나가 풀장으로 뛰어들었습니다. 한 손으로 성수를 덥석 잡고는 물 밖으로 번쩍 끄집어냈지요. 그 자리에 있던 모두가 박수를 쳤고 집사님은 아들을 부둥켜안았습니다. 안도의 한숨을 내쉬는 순간이었습니다.

하지만 동생의 옷은 이미 다 젖어 있었습니다. 주머니 속 지갑과 차 키, 핸드폰까지 모두 침수되고 말았습니다. 딱 내가 우려했던 상황 그대로였습니다. 그래도 동생은 개의치 않더군요. 뒤도 돌아보지 않고 탈의실로 걸어 들어갔습니다. 그 뒷모습을 보며 나 자신이 어찌나 부끄럽던지. 계산 없이 뛰어드는 녀석의 인품이 그저 부러웠습니다. 이 그림은 바로 그때 떠오른 장면을 그린 것입니다.

1 누군가 계산하지 않고
당신을 도와준 경험을 적어 봅시다.

2 반대로 계산하지 않고
직접 누군가를 도운 경험도 적어 봅시다.

오늘
적용
실천

📖 묵상 노트

내가 땅 끝에서부터 너를 붙들며 땅 모퉁이에서부터

너를 부르고 네게 이르기를 너는 나의 종이라

내가 너를 택하고 싫어하여 버리지 아니하였다 하였노라

두려워하지 말라 내가 너와 함께함이라

놀라지 말라 나는 네 하나님이 됨이라

내가 너를 굳세게 하리라 참으로 너를 도와주리라

참으로 나의 의로운 오른손으로 너를 붙들리라

이사야 41:9~10

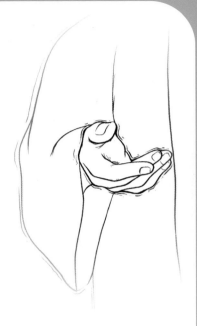

오늘의
기도 🔔

묻지도 따지지도 않고 도움의 손길을 내민
모든 이들 뒤에 당신이 있었음을 기억합니다.
사람을 통해 보여 준 그 사랑을 기억하며
나 또한 베푸는 자가 되게 하소서.
가진 것을 흘려보내는 하루가 되게 하소서.

Day 10

믿어 주시는 하나님

돌아오라 네 성읍들로 돌아오라

예레미야 31:21

나는 믿는다.

네가 어떤 길을 가든 무엇을 선택하든

넌 늘 내가 원하는 삶 가운데 있을 거야.

나는 너를 믿는다.

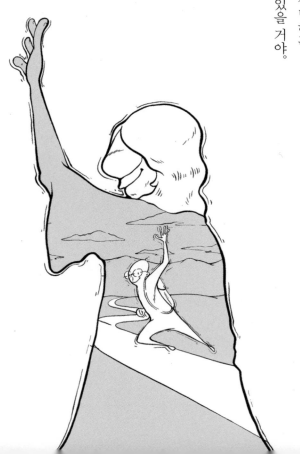

어두운 새벽, 검은 물체가 웅크리고 앉아 있었습니다.

실기 시험장에 신고 갈 내 신발을 닦고 계신 어머니의 뒷모습이 었습니다. 그렇게 한참을 닦은 후 마지막으로 흙먼지를 털어 내 고는 잘 다녀오라는 한 마디만 남기고 방으로 들어가셨습니다. 20년이 훌쩍 지났는데도 그 추운 겨울, 실기 시험장으로 향하던 새벽이 잊히지 않습니다.

첫 입시 때는 무려 다섯 곳의 대학에서 낙방했습니다. 재수생 시절에는 네 곳에서 낙방했지요. 무려 아홉 번 이상 내가 반복 한 말은 "어머니 이번에도 안 됐어요…" 가 전부였습니다. 그때 마다 어머니는 "그래 수고했어. 다음에 잘하면 되지" 라고만 답 하셨습니다. 안타까워하거나 서운해하는 내색을 보이신 적은 없습니다. 그렇게 삼수 끝에 열 번의 시험을 치고서야 전한 합 격 소식은 우리 가정에 복음만큼이나 기쁜 소식이었습니다.

오랜 세월이 지나 어머니는 말씀하셨습니다. 낙방 소식을 들을 때마다 눈앞이 캄캄해지셨다고. 하지만 당사자인 아들이 더 힘 들어할까 조심스러워 그 흔한 위로조차 건네지 못하셨다는 것 입니다. 그저 끝까지 믿어 주는 것이 어머니만의 사랑 표현이었 다며. 그 사랑을 통해 알게 됐습니다. 하나님이 나를 믿어 주신 다는 것 또한 어떤 의미인지.

1 누군가 나를 믿고 끝까지 기다려 준 경험이 있나요?

2 그때 느낀 당신의 감정을 적어 봅시다.

📖 묵상 노트

에브라임은 나의 사랑하는 아들 기뻐하는 자식이 아니냐
내가 그를 책망하여 말할 때마다 깊이 생각하노라
그러므로 그를 위하여 내 창자가 들끓으니
내가 반드시 그를 불쌍히 여기리라 여호와의 말씀이니라
처녀 이스라엘아 너의 이정표를 세우며 너의 푯말을 만들고
큰 길 곧 네가 전에 가던 길을 마음에 두라
돌아오라 네 성읍들로 돌아오라

예레미야 30:20~21

오늘의
기도

다른 게 기적이 아닙니다.
날마다 넘어지는 나를 주님께서 믿어 주시고
기다려 주시는 것이 기적입니다.
그 기적에 기대어 힘을 얻는 하루가 되게 하소서.

먹구름을 걷어 내고

Chapter 2 먹구름을 걷어 내고

Day 11

'의심' 의 먹구름

그리하여 믿음 없는 자가 되지 말고 믿는 자가 되라

요한복음 20:27

도마는 의심쟁이가 아닙니다.
자신의 불신을 정직하게 인정할 줄 아는
진솔한 사람입니다.

도마는 묻어갈 수 없었습니다.

제자들 모두 부활의 기쁨을 누리는 순간에도 직접 확인해 보지 않고는 믿을 수 없다며 자신의 입장을 명확히 밝혔습니다. 예수님은 그런 도마를 책망하지 않으셨습니다. 손을 들어 못 자국을 보여 주시고 친히 성의를 걷어 올려 창 자국도 만질 수 있게 해 주셨습니다. 도마의 믿음이 자라도록 도와주신 것입니다.

신앙생활도 묻어갈 수 있습니다. 교회를 오래 다닐수록 더 그럴 수 있습니다. 뜨겁고 강렬한 예배 분위기에 취해 의심을 그냥 묻어 둘 때가 많습니다. 하지만 의심은 결과가 아닌 '과정'입니다. 의심이 드는 것은 내가 복음을 진지하게 받아들이고 있다는 증거이며, 그 과정을 있는 그대로 직면하고 통과해야 확신에 도달할 수 있습니다.

"나의 주 나의 하나님을 예배합니다."

도마가 남긴 마지막 고백입니다. 확신에 도달한 도마는 제자들 중 가장 먼 이란과 인도까지 복음을 들고 나아갔습니다. 그리고 그곳에서 순교했습니다.

1 신앙생활 중에 의심이 들었던 적이 있습니까?

2 의심을 통해 얻은 유익이 있다면 무엇일까요?

📖 묵상 노트

네 손가락을 이리 내밀어 내 손을 보고

네 손을 내밀어 내 옆구리에 넣어 보라

그리하여 믿음 없는 자가 되지 말고 믿는 자가 되라

도마가 대답하여 이르되 나의 주님이시요 나의 하나님이시니이다

요한복음 20:27~28

오늘의
기도 🔔

연약한 믿음이 자라도록 도우시는 하나님.
때로는 의심이 나를 흔들 때도 있지만
당신의 열심이 결국 나를 온전케 하실 줄 믿습니다.
의심을 믿음의 자양분으로 삼는 하루가 되게 하소서.

Day 12

'회의' 의 먹구름

믿음은 바라는 것들의 실상이요
보이지 않는 것들의 증거니

히브리서 11:1

하
나
님
은

계
시
지
않
아
· · · 。

조카가 조용해졌습니다.

그릇이라도 깨뜨릴 만큼 광기 어리게 뛰놀던 녀석이 갑자기 조용해지자 오히려 불안이 엄습했습니다. 무슨 일이라도 생겼나 싶어 슬그머니 내다보니 경직된 표정으로 거실에 앉아 있는 조카의 모습이 보였습니다. 녀석의 엄마인 나의 누나가 편의점에 다녀온다며 잠시 나간 뒤였습니다.

"너 갑자기 왜 이렇게 조용해? 엄마가 안 올까 봐 그래?
"네…."
"설마 엄마가 널 버리고 갔겠니? 편의점 간다고 했잖아."
엄마가 시야에서 사라지자 불안한 표정으로 초조해하는 조카의 동심에 웃음이 났습니다. 아이는 역시 아이였나 봅니다.

문득 조카와 다를 바 없는 내 모습도 떠올랐습니다. 하나님이 보이지도 않고 느껴지지도 않아 그분은 존재하지 않노라고 회의감에 젖어 있던 모습들…. 어린아이 같은 모습이었습니다. 결국 모든 것이 '신뢰의 문제'였다는 것을 그때 깨닫게 되었습니다.

1 하나님의 존재에 대한 회의감이 든 적 있습니까?

2 극복했다면 어떤 계기가 있었나요?

📖 묵상 노트

믿음은 바라는 것들의 실상이요 보이지 않는 것들의 증거니

선진들이 이로써 증거를 얻었느니라

히브리서 11:1~2

오늘의
기도

회의감에 젖어 있던 순간에도
나를 위해 기도하던 공동체 식구들을 기억합니다.
모두 하나님이 보내 주신 사람들이었습니다.
나 또한 회의에 젖은 누군가에게
회복의 통로가 되게 하소서.

Day 13

'자아'의 먹구름

하나님의 형상대로 사람을 창조하시되

창세기 1:27

내가 가장 싫어하는 사람이 나 자신은 아닌지….
하나님의 사랑이 가장 먼저 필요한 사람은 나 자신입니다.

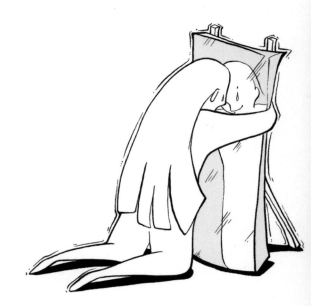

"회사원이 가장 훌륭한 사람이다!"

어린 시절부터 반복적으로 들은 말입니다. 직장인이 되어야 한다는 어머니의 가르침이었지요. 아버지의 무능함 때문이었습니다. 인품은 좋지만 생활력이 부족했던 아버지…. 아버지의 마지막 승부수는 동해의 한 섬에서 진행한 건설업이었습니다. 집까지 저당 잡히며 과감히 사활을 걸었지만 역시나 실패하며 운명을 달리했습니다. 그 후 가정 경제의 책임은 고스란히 어머니의 몫이 되었지요.

가정의 불행을 두 번 반복할 수는 없었습니다. 온몸으로 어머니의 주입교육을 흡수한 저는, 안간힘을 다해 아버지 같은 사람이 되지 않으려 애썼습니다. 조금이라도 아버지 모습이 비칠 때면 스스로를 채찍질하며 내 성향을 부정하고 또 부정했습니다.

하지만 나는 아버지 아들이었습니다. 하나님은 이 부분부터 치유해 주셨습니다. 아버지의 무능에 대한 원망을 안타까움으로 바꾸셨고, 시대를 잘못 만난 한 남자로 이해하게 하셨습니다. 그 뒤로 아버지를 닮은 나 자신과 화해한 뒤 타고난 성향을 받아들이게 되었지요. 덕분에 제게 꼭 맞는 직업도 선택하게 되었습니다. 바로 지금처럼 그림을 그리고 글을 쓰는 일을.

1 내가 싫어하는 나의 모습은 어떠한가요?

2 그 모습에서 비롯되는 긍정적인 면은 무엇일까요?

📖 묵상 노트

하나님이 이르시되 우리의 형상을 따라

우리의 모양대로 우리가 사람을 만들고

그들로 바다의 물고기와 하늘의 새와 가축과 온 땅과

땅에 기는 모든 것을 다스리게 하자 하시고

하나님이 자기 형상 곧 하나님의 형상대로

사람을 창조하시되 남자와 여자를 창조하시고

창세기 1:26~27

오늘의
기도 🔔

내가 하나님이 만든 작품임을 잊지 않게 하소서.
그 통로가 되어 주신 부모님께도 감사하며
이웃도 당신의 작품임을 잊지 않게 하소서.

'조급함' 의 먹구름

범사에 기한이 있고 천하 만사가 다 때가 있나니

전도서 3:1

충동적 조급함.
하나님의 음성을 가로막는 가장 큰 장애물….

조급증에 시달리고 있었습니다.

늘 뒤쳐졌다는 생각이 머릿속을 떠나지 않았습니다. 대학생 때에는 '취업'이라는 조급증에 시달렸고, 취업 후에는 '결혼'이라는 조급증에 시달렸으며, 결혼 후에는 '노후'라는 조급증에 시달렸습니다. 쫓기듯 살아온 인생. 느긋하게 기다리는 게 언제나 제일 힘들었습니다.

하나님을 만난 뒤 가장 사무치게 다가온 메시지가 '늦지 않았다'는 말이었습니다. 저마다에게 정해진 타이밍이 다를 뿐 누구도 늦거나 뒤쳐지지 않았다는 것, 개인적으로는 가장 강력한 영적 계시였습니다.

미리 준비하는 것은 분명 좋은 덕목입니다. 하지만 하나님을 향한 신뢰가 결여된 준비는 결국 '조급함'일 뿐입니다. 아무리 좋은 덕목이라 할지라도 그분을 향한 신뢰에 기반하지 않으면 하나님은 기뻐하지 않으십니다. 그러므로 지나치게 준비할 필요도, 너무 조급해할 필요도 없습니다. 늦거나 뒤쳐진 사람은 아무도 없습니다. 단지 저마다 허락된 시기가 다를 뿐입니다.

1 다른 사람들보다 늦었다고 생각할 때는 언제입니까?

2 그런 생각이 드는 이유는 무엇일까요?

📖 묵상 노트

범사에 기한이 있고 천하 만사가 다 때가 있나니

날 때가 있고 죽을 때가 있으며

심을 때가 있고 심은 것을 뽑을 때가 있으며

죽일 때가 있고 치료할 때가 있으며 헐 때가 있고 세울 때가 있으며

울 때가 있고 웃을 때가 있으며 슬퍼할 때가 있고 춤출 때가 있으며

돌을 던져 버릴 때가 있고 돌을 거둘 때가 있으며

안을 때가 있고 안는 일을 멀리 할 때가 있으며

찾을 때가 있고 잃을 때가 있으며 지킬 때가 있고 버릴 때가 있으며

찢을 때가 있고 꿰맬 때가 있으며 잠잠할 때가 있고 말할 때가 있으며

사랑할 때가 있고 미워할 때가 있으며

전쟁할 때가 있고 평화할 때가 있느니라

전도서 3:1~8

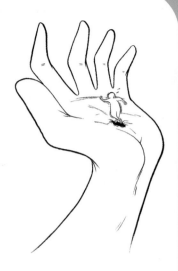

취업, 결혼, 육아, 노후 등….
세상은 온갖 메시지로 나에게 늦었다고 외칩니다.
믿음이 연약한 나는 때때로 마음이 급하기만 합니다.
이럴수록 당신을 향해 시선을 고정하길 원합니다.
당신께 온전히 집중하는 오늘이 되게 하소서.

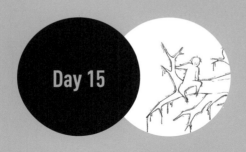

Day 15

'상처'의 먹구름

일어나 네 자리를 들고 걸어가라 하시니
그 사람이 곧 나아서 자리를 들고 걸어가니라

요한복음 5:8~9

하나님 보셨죠? 저는 아무렇지 않아요!

그분 앞에서조차 아무렇지 않은 척,
강한 척하려 했습니다.
하지만 그럴 필요 없었습니다.
나보다 나를 더 잘 아시는 분이기 때문입니다.

"너희 집안은 망할 놈의 집구석이야! 무식한 잡놈들!"

어린 시절 외할아버지께 듣던 폭언입니다. 그 옛날 동경 유학까지 다녀오신 외할아버지는 소중한 첫째 딸이 가혹한 시집살이로 고생하는 모습을 못 견뎌 하셨습니다. 방학 때 놀러가면 저를 꿇어 앉히고는 자신의 가슴앓이를 이렇게 풀곤 하셨습니다. 어린 마음에 묵묵히 할아버지의 가슴앓이를 받아 내던 기억이 종종 떠오릅니다.

심리 치료 중 이 어린 시절이 떠올랐습니다. 아무 말 없이 외할아버지의 말을 듣고 있던 내 모습이. 괜찮다고, 할아버지 마음을 다 이해할 수 있다고 생각했는데 아니었나 봅니다. 마음 깊은 곳에서 한없이 맴돌던 말은 '제발 그만하세요!'였습니다. 치유 과정 중 이 말을 외치며 그 시절 어린아이가 되어 울었습니다.

외할아버지는 좋은 분이셨습니다. 돌아가신 분을 이제 와 원망하는 것은 아닙니다. 다만 덮어놓고 괜찮다 여기던 그 순간에도 마음 깊은 곳에서 쌓여 가던 아픔이 있었음을…. 하나님은 그 아픔과 직면하게 하시고 치유의 과정을 통과하게 하셨습니다. 겹겹이 쌓인 감정이 해소된 뒤 이전보다 외할아버지를 더 사랑하고 그리워하게 되었습니다.

1 스스로 진단하는 나의 상처는 무엇일까요?

2 그 상처가 나에게 미친 영향은 무엇일까요?

오늘
적용
실천

📖 묵상 노트

거기 서른여덟 해 된 병자가 있더라

예수께서 그 누운 것을 보시고 병이 벌써 오래된 줄 아시고

이르시되 네가 낫고자 하느냐 병자가 대답하되

주여 물이 움직일 때에 나를 못에 넣어 주는 사람이 없어

내가 가는 동안에 다른 사람이 먼저 내려가나이다

예수께서 이르시되 일어나 네 자리를 들고 걸어가라 하시니

그 사람이 곧 나아서 자리를 들고 걸어가니라

요한복음 5:5~9

치유자 예수님을 묵상합니다.
오늘도 나의 내면으로 찾아오셔서 아픔을 만져 주소서.
상처를 치유하고 회복하게 하셔서
나 또한 이웃의 상처를 어루만지는 자가 되게 하소서.

Day 16

'시간'이라는 치료제

내 이름을 경외하는 너희에게는
공의로운 해가 떠올라서 치료하는 광선을 비추리니
너희가 나가서 외양간에서 나온 송아지 같이 뛰리라

말라기 4:2

회복과 치유의 첫걸음은
상처를 지워 내기 위해 몸부림치는 것이 아닙니다.
그 상처와 화해하는 것입니다.

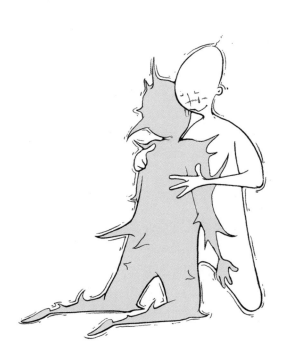

며칠간 잠을 이루지 못했습니다.

스트레스 때문이었습니다. 잠을 이루지 못하니 몸이 쇠약해지고 그러다 보니 더 잠을 이룰 수 없었습니다. 악순환이었습니다.

"그냥 불면증과 친하게 지내 보세요."
고민 끝에 찾아간 병원에서 의사가 내린 진단이었습니다. 수면장애로 고생하는 사람에게 불면증과 친하게 지내라니. 돌팔이라고 욕하며 실망을 가득 안은 채 집으로 돌아왔습니다.

역시나 그날도 잠을 이루지 못했습니다. 식은땀까지 흘리며 한참을 뒤척이다 돌팔이(?)의 처방이 생각나 자리를 박차고 일어났습니다. 거실로 나가 텔레비전도 보고 책도 읽으며 잠들기를 포기한 채 느긋한 시간을 가졌습니다. 그렇게 몇 시간이 지나자 어느덧 졸음이 오기 시작했고, 이내 쓰러지듯 잠들고 말았습니다.

개운하게 눈을 뜬 다음 날. 돌팔이를 향한 원망은 명의에 대한 존경으로 바뀌어 있었습니다. 때로는 나만의 생체 리듬을 믿고 맡겨야 할 때도 있다는 것을 깨닫는 순간이었습니다.

1 나는 어떤 성향을 가지고 있나요?

2 내 성향으로 인해 불편했던 적이 있나요?

📖 묵상 노트

내 이름을 경외하는 너희에게는

공의로운 해가 떠올라서 치료하는 광선을 비추리니

너희가 나가서 외양간에서 나온 송아지같이 뛰리라

말라기 4:2

오늘의
기도

주님.
치유는 단순한 결과가 아닌 과정의 일부임을 깨닫습니다.
회복 또한 온전히 성령의 인도에 맡깁니다.
나 자신과 우리 가정,
회복이 필요한 모든 영역을 당신 손에 맡깁니다.

Day 17

'은밀한 죄' 라는 먹구름

이제 그리스도 예수 안에 있는 자에게는
결코 정죄함이 없나니

로마서 8:1

그리스도 예수 안에서는 결코 정죄함이 없나니….

선교사님이 죄를 공개적으로 고백하셨습니다.

대학부 예배에서 설교하던 중 과거의 죄를 청중 앞에서 겸손히
공개한 것입니다. 충격이었습니다. 저도 같은 죄를 지은 적이
있었기 때문입니다. 아무에게도 말하지 못한 은밀한 죄.

죄는 오랜 시간 나에게 말을 걸어 왔습니다. '넌 쓰레기잖아! 염
치도 없이 예수가 어쩌고저쩌?' 그럴 때마다 똑같이 대답했습니
다. '맞아. 나 같은 놈이 예배를 드리면 안 되지. 사람이 아무렴
양심이 있어야지….'

시간이 지나 선교단체의 한 제자훈련에 입소하게 되었고, 입소
초기 일종의 고해성사 같은 시간을 갖게 되었습니다. 자원해서
자신의 죄를 담당자에게 공개하는 시간이었습니다. 그때 처음
으로 다른 누군가에게 그 죄를 입술로 고백하기로 결정했습니
다. 물론 쉽지 않은 결정이지요. 아플 '고(苦)' 자가 의미하듯, 말
그대로 고(苦)백.

죄와 나 사이의 음침한 영역이 빛 가운데 드러나자 놈은 조용
히 자취를 감추었습니다. 그날 이후로 아무 시비도 걸지 않고
참견도 하지 않았습니다. 십여 년간 같은 주제로 이어진 속삭
임이 그때 멈추었습니다.

1 죄는 내게 어떤 말들을 속삭이나요?

2 그럴 때 내게 필요한 성경 말씀은 무엇일까요?

오늘
적용
실천

📖 묵상 노트

이제 그리스도 예수 안에 있는 자에게는 결코 정죄함이 없나니

이는 그리스도 예수 안에 있는 생명의 성령의 법이

죄와 사망의 법에서 너를 해방하였음이라

로마서 8:1~2

오늘의
기도

죄인인 나를 자녀 삼아 주셔서 감사합니다.
예수님의 온전한 은혜로
내가 하나님의 자녀가 될 수 있습니다.
죄에서 벗어나 자녀답게 살아가는 하루가 되게 하소서.

'회개'라는 기회

그리스도께서 우리를 위하여 죽으심으로
하나님께서 우리에 대한
자기의 사랑을 확증하셨느니라

로마서 5:8

예수 십자가에 흘린 피로써 그대는 씻기어 있는가
더러운 죄 회개하는 능력을 그대는 참 의지하는가
예수의 보혈로 그대는 씻기어 있는가
마음속의 여러 가지 죄악이 깨끗이 씻기어 있는가

— E.A. Hoffman, 1878 / 찬송가 259장

목욕을 사랑합니다.

정확히 말하면 공중 목욕탕을 사랑합니다. 온탕과 냉탕을 오가고, 뜨거운 한증막에서 땀도 빼고, 묵은 때까지 밀고 난 후의 개운함이란! 말로 표현할 수 없습니다. 일주일의 피로와 스트레스를 날리기에 충분합니다.

그 좋아하는 목욕탕을 못 간 지 2년이 되어 갑니다. 코로나 바이러스 때문입니다. 마스크를 쓰는 것도, 거리 두기를 하는 것도 견딜 만한데 목욕탕 못 가는 게 개인적으로는 가장 견디기 힘든 일 중 하나입니다.

회개를 단순히 '죄를 드러내는 행위'로만 정의하면 어둡고 무거운 느낌이 드는 것은 물론 수치심, 민망함 같은 단어들이 먼저 떠오르곤 합니다. 부정적입니다. 하지만 죄 사함을 체험하니 그 개념이 바뀌더군요. 개운하게 목욕하는 것으로. 입욕 전 옷을 벗고 맨살을 드러낼 때는 잠시 민망할 수 있습니다. 그러나 곧 만끽할 행복감에 비하면 아무것도 아닙니다. 묵은 때를 벗고 하얀 속살로 다시 태어나는 것, 상상만 해도 행복합니다.

이제는 '회개' 하면 뽀얀 얼굴로 바나나 우유를 마시는 장면이 가장 먼저 떠오릅니다.

1 회개 하면 어떤 이미지나 느낌이 떠오르나요?

2 내가 생각하는 예수님의 십자가는 어떤 의미인가요?

오늘
적용
실천

📖 묵상 노트

의인을 위하여 죽는 자가 쉽지 않고

선인을 위하여 용감히 죽는 자가 혹 있거니와

우리가 아직 죄인 되었을 때에

그리스도께서 우리를 위하여 죽으심으로

하나님께서 우리에 대한 자기의 사랑을 확증하셨느니라

로마서 5:7~8

내가 지었던 죄와 현재 짓고 있는 죄,
앞으로 지을 죄를 생각하노라면 내 안에 소망이 없습니다.
예수님의 십자가를 묵상하며
은혜에 기대는 하루가 되게 하소서.

Day 19

과녁을 벗어난 활

죄의 삯은 사망이요

로마서 6:23

죄는 헬라어로 **"과녁을 벗어나다"** 라는 뜻입니다.

— 하마르티노(Hamartano)

2020년 올림픽 양궁 종목, 남자 단체전에서 금메달을 땄습니다.

경기의 하이라이트는 결승행 티켓이 걸린 4강 일본전. 세트 스코어 동률을 이루며 연장전 슛 오프로 들어갔고 마침내 한국 선수들이 결승행 티켓을 거머쥐었습니다. 승리의 기준은 오직 하나, 누가 과녁 중앙에 더 가깝게 쏘았는가.

한국 대표팀의 김제덕 선수가 쏜 화살이 중심에서 3.3센티미터, 일본 대표팀의 가와타 선수가 쏜 화살이 중심에서 5.7센티미터 벗어나 있었습니다. 불과 2.4센티미터 차이로 메달의 색깔이 바뀐 것입니다. 그렇게 결승에 오른 한국 대표팀은 승승장구하여 대만 대표팀을 이기고 금메달을 목에 걸었습니다.

결국 훌륭한 궁사의 조건은 과녁을 맞추는 것! 아무리 관통력 강한 활을 갖고, 멀리 쏠 수 있는 근육이 있어도 소용 없습니다. 과녁을 벗어난 활은 그 자체로 점수와 무관하기 때문입니다.

성경이 말하는 죄 역시 '과녁을 벗어난 활'입니다. 훌륭한 인성과 뛰어난 능력은 유용한 사회적 덕목이지만 하나님이 보시기에 그분의 뜻에서 벗어나면 큰 의미는 없습니다. 그러므로 그리스도인이 갖는 죄의 기준은 '하나님 뜻에서 벗어나지 않는 것'입니다.

1 하나님 뜻에서 벗어난 부분이 있는지 점검해 봅시다.

2 만약 있다면 어떻게 다시 돌이켜야 할까요?

오늘
적용
실천

📖 묵상 노트

죄의 삯은 사망이요

하나님의 은사는 그리스도 예수 우리 주 안에 있는 영생이니라

로마서 6:23

오늘의
기도 🔔

하나님 뜻에서 벗어난
내 상태를 합리화하기 위해 헌금도 하고
봉사를 하기도 합니다.
하지만 당신의 뜻 안에 머무는 것이
하나님을 기쁘게 하는 일입니다.
가장 먼저 그 뜻을 분별하고
분별한 뜻 안에 머무는 오늘이 되게 하소서.

진심한 조각

여호와는 마음을 감찰하시느니라

잠언 21:2

하나님, 제가 얼마나
위선적인 사람인지 아시죠?
하나님, 제 성품이 얼마나
강퍅한지 아시죠?
어쩌면 예수님의 가르침 중
어느 것 하나 실천할 수 없는
영적 아이에 불과할지도 모르겠어요.

그럼에도 불구하고
당신을 닮고 싶은 마음 간절합니다.
그 진심 한 조각뿐입니다.

— 어느 선교사의 기도

"내 평생 가장 달고 맛있는 사탕이었어요."

단기 선교로 태국 산족(山族)을 만나고 온 동생이 한 말입니다. 산족 원주민들을 만난 날 숙소로 흙먼지를 뒤집어쓴 아이 하나가 찾아와 수줍게 사탕을 건넨 뒤 사라졌다고…. 먼지가 덕지덕지 붙은 사탕이었지만 낯선 이방인을 향한 그 호감의 표시를 거절할 수 없어 냉큼 입에 집어넣었고, 지금까지 먹어 본 사탕 중 최고로 달고 맛있었다고 했습니다. 이후로 마음이 활짝 열린 동생은 산족 아이들과 뒹굴며 행복한 선교를 하고 돌아왔지요. 부유한 집의 맏아들로 태어나 미식가로 자란 녀석의 마음을 먼지 묻은 사탕 한 개가 움직인 것입니다. 아이의 진심이 담긴.

하나님 또한 바로 이것을 원하십니다. 당신의 진심 한 조각. 그분은 거창한 것을 원하지 않습니다. 모든 것을 가진 그분이 우리에게 요구할 만한 것은 없습니다. 그저 당신이 가진 진심 한 조각, 그 조각을 드리면 이를 통해 열방을 일으키시고 역사를 바꾸십니다. 그것이 하나님이 일하시는 방식입니다.

1 진심이란 과연 무엇일까요?

2 오늘 나는 어떤 진심을 드릴 수 있을까요?

오늘
적용
실천

📖 묵상 노트

사람의 행위가 자기 보기에는 모두 정직하여도

여호와는 마음을 감찰하시느니라

잠언 21:2

마음의 의도를 아시는 주님.
복잡하고 이기적인 의도로 당신의 일을 할 때가 많습니다.
결국 많은 것을 드릴 수 없습니다. 이 진심 한 조각 외에는….
이 진심으로 일하시는 하나님을 목도하는 하루가 되게 하소서.

Chapter 3

동행의 시작

Chapter 3 동행의 시작

Day 21

동행의 방식

너는 아이라 말하지 말고

예레미야 1:7

"하나님 하나님, 저는 이렇게 작고 연약한걸요."
"상관없다. 너만 오케이 하면 돼. 오케이?"

인간은 의외로 열등한 부분이 많습니다.

단순히 동물과 비교해 봐도 그렇습니다. 태어나자마자 서고 달리는 네 발 달린 짐승과 달리 인간은 그렇지 못합니다. 두 발로 서기까지 많은 시간이 걸리며 겨우 일어서더라도 다른 짐승에 비해 빠르거나 강하지 않지요.

정신적으로도 마찬가지입니다. 지적으로는 동물보다 우월하지만 천사보다는 열등합니다. 천사는 하나님의 일을 직접 수행하는 존재로서 뛰어난 지성과 영적 능력을 갖춘 게 분명합니다. 사람이 동물을 보는 시선보다 천사가 사람을 보는 시선이 어쩌면 더 열등한 느낌을 줄지도 모르겠습니다.

그럼에도 불구하고 천사가 수행하는 일은 결국 인간을 위해 봉사하는 것입니다. 그것이 하나님이 결정한 천사의 역할입니다. 단순히 능력만 놓고 보면 천사와 일하는 것이 하나님 입장에서 더 빠르고 효율적임에도 불구하고 그분은 그들에게 세상을 다스리는 역할을 맡기지 않으셨습니다. 오직 인간에게만 그 직분을 맡기시지요. 일방적인 하나님의 결정으로 말입니다.

1 부족한 나 자신을 발견할 때가 언제인가요?

2 능력이 부족함에도 하나님 일에 쓰임받은 경험이 있나요?

오늘
적용
실천

📖 묵상 노트

내가 이르되 슬프도소이다 주 여호와여 보소서

나는 아이라 말할 줄을 알지 못하나이다 하니

여호와께서 내게 이르시되 너는 아이라 말하지 말고

내가 너를 누구에게 보내든지 너는 가며

내가 네게 무엇을 명령하든지 너는 말할지니라

너는 그들 때문에 두려워하지 말라

내가 너와 함께하여 너를 구원하리라

예레미야 1 : 6~8

오늘의
기도 🔔

부족한 나를 사용하시는 하나님.
내게 능력이 있어서 일을 맡기신 것이 아님을 압니다.
그저 은혜로 주어진 직분에 감사할 뿐입니다.
그 은혜를 기억하며 주의 능력으로
살아가는 하루가 되게 하소서.

Day 22

안식으로의 동행

내가 너희를 쉬게 하리라

마태복음 11:28

사람아, 너의 창조자를 기쁘게 해드리고 즐겁게 살아라.

세상에 대해서는 심각할 것 하나 없으니….

— William Dunbar

"이렇게 편안할 때도 다 있구나…."

어머니가 쉬고 계셨습니다. 한 선교단체의 제자훈련을 통해 하나님과의 관계가 회복되자 영혼이 안식을 누리기 시작한 것입니다. 훈련을 받으러 갔는데 오히려 쉼을 누리고 있는 아이러니라니. 생전 처음 보는 어머니의 모습이었습니다.

어머니는 일평생 생활고를 염려하며 살아오셨습니다. 아버지가 돌아가신 후 홀로 자녀들을 교육시켜야 했기 때문입니다. 주간에는 청소를, 야간에는 신생아 보모 일을 마다 않고 일하며 휴일도 없이 사셨습니다. 그렇게 밤낮으로 일하다 쉬는 날이라도 오면 어쩔 줄 몰라 하셨지요. 그새 쉬는 법도 잊어버리신 듯….

그런 어머니가 쉼을 얻으신 것입니다. 화려한 관광지도, 고급스러운 휴양지도 아닌 하나님 안에서. 하나님과의 깊은 친밀감 속에서 말입니다.

1 내가 생각하는 쉼의 이미지를 그려 볼까요?

📖 묵상 노트

수고하고 무거운 짐 진 자들아 다 내게로 오라

내가 너희를 쉬게 하리라

나는 마음이 온유하고 겸손하니 나의 멍에를 메고

내게 배우라 그리하면 너희 마음이 쉼을 얻으리니

이는 내 멍에는 쉽고 내 짐은 가벼움이라 하시니라

마태복음 11:28~30

오늘의
기도 🔔

몸에 가장 잘 맞는 옷을 입고 있을 때 편안한 것처럼
영적으로도 '하나님의 자녀라는 옷'을 입어야 평안합니다.
세속의 옷을 벗고 영의 옷을 입어
당신의 자녀 됨을 누리는 하루가 되게 하소서.

한 걸음의 동행

낮에는 구름 기둥으로 인도하시고
밤에는 불 기둥으로 그들이 행할 길을 비추셨사오며

느헤미야 9:12

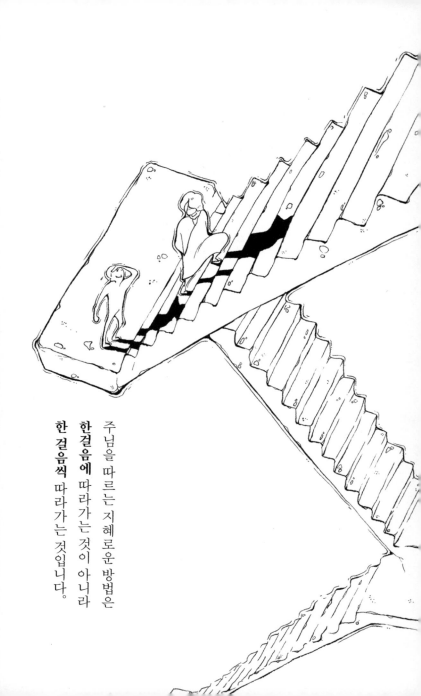

주님을 따르는 지혜로운 방법은
한걸음에 따라가는 것이 아니라
한 걸음씩 따라가는 것입니다.

서핑을 배우러 바다로 갔습니다.

가장 먼저 한 일은 모래 위에 엎드렸다가 일어서기를 반복하는 것이었습니다. 지루했습니다. 오전 내내 그 지루한 기초 강의를 받고 겨우 물가로 나아가 파도에 몸을 맡긴 채 힘껏 팔을 휘저었습니다. 물론 이내 뒤집어지고 말았지요.

몇 시간을 반복해도 뒤집어지기만 수십 번, 살짝 짜증이 났습니다. 강사에게 찾아가 요령을 물었습니다.
"일단 앉는 것부터 생각하세요!"

노련한 강사는 이미 알고 있었습니다. 기초를 배우는 내내 머릿속으로는 파도를 가르는 모습만 떠올리고 있었음을. '360도 커브! 노즈라이딩! 스위치 스텐스!' 영상 속 프로 서퍼들이 화려한 기술을 선보이는 모습을 내게 이입하고 있었습니다. 마음이 그토록 앞서갔기에 보드 위에 앉을 수조차 없던 것입니다.

상상 속 모든 이미지를 버리고 오직 앉는 것만 생각했습니다. 그렇게 눈앞의 목표에 집중한 끝에 마침내 보드 위에 겨우 앉아 볼 수 있었습니다. 한 걸음 더 나아가 일어서는 환희도 맛볼 수 있었지요. 비록 짧은 찰나였지만.

1 당신이 생각하는 '동행'이란 무엇입니까?

2 하나님과 동행하고 있다는 느낌이 든 순간을 적어 볼까요?

📖 묵상 노트

낮에는 구름 기둥으로 인도하시고

밤에는 불 기둥으로 그들이 행할 길을 비추셨사오며

느헤미야 9:12

오늘의
기도 🔔

주님의 세밀한 인도를 따라 동행하기를 원합니다.
하루라는 계단을 당신과 함께 오르는 오늘이 되게 하소서.

일상의 동행

사람이 먹고 마시며 수고하는 것보다
그의 마음을 더 기쁘게 하는 것은 없나니

전도서 2:24

아이가 어른이 되고,
어른이 되어 누군가를 사랑하고,
사랑해서 결혼하고 아이를 낳고,
그 아이가 다시 어른이 되고….
한 명의 인간으로 인생을 사는 것.

하나님을 알아 가는 중요한 방법입니다.

고레에다 히로카즈 감독의 영화는 수면제입니다.

〈걸어도 걸어도〉〈그렇게 아버지가 된다〉 등 그의 영화는 일본 특유의 잔잔한 서사와 속삭이는 대사들로 가득합니다. 극적인 할리우드 영화에 익숙한 저는 영화가 시작된 지 15분 안에 잠들곤 합니다.

아브라함의 삶도 극적인 요소로 가득 차 보입니다. 익숙한 고향을 떠나고 파라오로부터 아내를 되찾고 하나님과 언약을 맺고 조카 롯을 구하는 등. 성경에 기록된 그의 일생은 극적인 사건들로 점철되어 있습니다. 하지만 사건과 사건 사이에는 대략 10~15년 정도의 시간 차가 존재했습니다. 계산해 보니 아브라함의 일생 175년은 극적인 사건보다 이 10~15년의 간격들이 더 큰 비중을 차지하더군요. 그렇다면 사건과 사건 사이, 그 시간의 간격들 속에서 아브라함은 과연 무슨 일을 하며 지냈을까요?

'일상'을 살았을 것입니다. 리브가를 돕고 이삭을 돌보고 양 떼를 치며 염소를 키우는 등…. 믿음의 조상도 그렇게 평범한 하루하루를 성실히 하나님과 동행했을 뿐입니다. 그 사실을 알고 나니 고레에다 히로카즈 감독의 영화가 다시 보이기 시작하더군요. 그 뒤로 제법 노력을 해서 지금은 30분 정도까지는 볼 수 있게 됐습니다.

1 일상에서 하나님의 은혜를 느끼는 순간은 언제입니까?

2 극적으로 하나님의 은혜를 경험한 순간은 언제입니까?

3 두 상황에서 어떤 차이를 느끼나요?

📖 묵상 노트

사람이 먹고 마시며 수고하는 것보다

그의 마음을 더 기쁘게 하는 것은 없나니

내가 이것도 본즉 하나님의 손에서 나오는 것이로다

전도서 2:24

오늘의
기도 🔔

평범한 하루가 모여 큰 비전을 이루는 것을 믿습니다.
아무도 주목하지 않는 나날들이지만
당신의 뜻에 합당한 선택과 행동으로
성실히 채우는 하루하루가 되게 하소서.

Day 25

비움의 동행

내 주 그리스도 예수를 아는 지식이
가장 고상하기 때문이라

빌립보서 3:8

움켜쥐고 있던 것들 그냥 맡겨 보세요.
어느덧 날아오르는 자신을 발견하게 될 것입니다.

아이가 계산대 앞에 있는 물건 하나를 움켜쥐었습니다.

마트에서 계산하던 중 눈앞의 물건을 꽉 집은 것입니다. 부모가 어르고 달래며 실랑이를 벌이다가 아이가 좋아하는 사탕 하나를 살랑살랑 흔들자 쥐고 있던 물건을 냉큼 놓더니 그 사탕으로 바꿔 쥐더랍니다. 책『내려놓음』의 저자 '이용규' 선교사님의 설교 중 예화였습니다. 선교사님은 그때 '내려놓음'의 진짜 의미를 깨닫게 되었다고 합니다. 내려놓음은 뭔가를 버리는 것이 아니라 더 좋은 것으로 채우는 개념입니다. 물론 그 채움의 대상은 하나님이지요.

우리 가정도 그렇게 하나님으로 채워 가는 실험을 진행한 지 8년째입니다. 남들처럼 경제적 안정을 이뤘냐고 묻는다면 자신있게 대답할 수는 없습니다. 다만 경제적 안정을 내려놓고 비우는 과정에서 하나님이 부르시는 곳이면 어디든 달려갔고, 그렇게 뉴욕, 플로리다, 교토, 오사카, 오키나와, 시드니, 퍼스, 오클랜드, 크라이스트처치, 더니든 등등…. 누군가는 한번 방문하기도 쉽지 않은 도시에서 살아 보는 특권을 누릴 수 있었습니다. 세계 각지로 부르시고 사용하시는 하나님의 역사를 경험하는 시간으로 채워지고 있던 것입니다.

1 내가 내려놓아야 할 부분은 무엇일까요?

2 내려놓았을 때 하나님이 채워 주신 경험을 적어 볼까요?

오늘
적용
실천

📖 묵상 노트

그러나 무엇이든지 내게 유익하던 것을

내가 그리스도를 위하여 다 해로 여길뿐더러

또한 모든 것을 해로 여김은

내 주 그리스도 예수를 아는 지식이 가장 고상하기 때문이라

내가 그를 위하여 모든 것을 잃어버리고 배설물로 여김은

그리스도를 얻고 그 안에서 발견되려 함이니

내가 가진 의는 율법에서 난 것이 아니요

오직 그리스도를 믿음으로 말미암은 것이니

곧 믿음으로 하나님께로부터 난 의라

빌립보서 3:7~9

주님.

그저 비우기만 하는 자기 수행은 하나님 앞에 무의미합니다.

하나님이 원하는 비움은 하나님으로 채우는 것임을 압니다.

당신의 말씀인 성경으로 나를 채우는 오늘 하루가 되게 하소서.

Day 26

나눔의 동행

여기 내 형제 중에 지극히 작은 자 하나에게 한 것이

곧 내게 한 것이니라

마태복음 25:40

내가 주님을 따르면 세상은 나를 따릅니다.

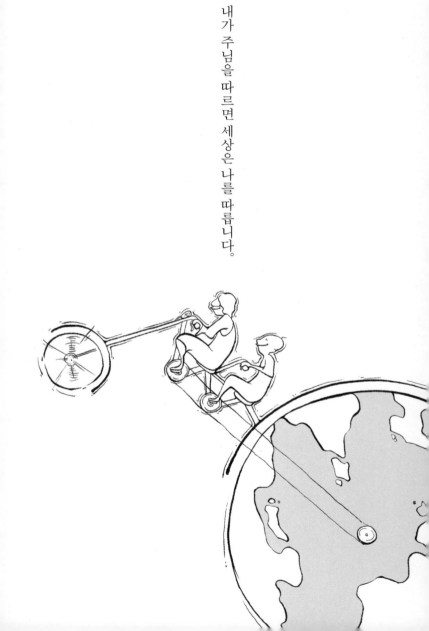

하루에 딱 8,000원 정도만 사용할 수 있었습니다.

차비 3,000원, 식비 3,000원, 그 외 기타 비용 2,000원. 나이 서른을 앞둔 늦깎이 졸업반 대학생에게는 빠듯한 돈이었습니다. 하지만 하나님의 은혜로 다닌 대학, 떠나기 전 선한 일을 남기고 싶었습니다. 때마침 학교 앞 노숙자가 생각나 편의점에서 빵과 우유를 매일 사다 주기로 작정했습니다.

첫날, 빵과 우유를 받은 노숙인의 태도가 가관이었습니다. 자신은 다른 빵을 좋아한다며 다시 사다 줄 것을 당당히 요구했습니다. 편의점에서는 나름 고급 브랜드였습니다. 조금 당황했지만 내가 조금 덜 먹기로 결정하고 그 빵을 사다 줬습니다. 물론 노숙인으로부터 딱히 감사 표시는 받지 못했습니다.

그렇게 꼬박 1년을 채웠습니다. 졸업 후 예상치 못하게 학비와 맞먹는 장학금이 들어와 있었습니다. 출처를 확인하기 위해 학과 사무실로 찾아가 묻자 조교는 문제가 없다며 그냥 받아 가라고 했습니다. 뒤늦게 예비 졸업생에게 주는 그런 장학금은 이전에도 없었고 이후로도 없을 거라며.

영문을 모른 채 집으로 돌아가던 지하철, 기도로 조용히 묻자 문득 단어 하나가 떠올랐습니다. '빵 값'이라는.

1 넉넉히 나눈 경험을 적어 봅시다.

2 나눔이 개인적으로 준 유익은 무엇인가요?

📖 묵상 노트

임금이 대답하여 이르시되 내가 진실로 너희에게 이르노니
너희가 여기 내 형제 중에 지극히 작은 자 하나에게 한 것이
곧 내게 한 것이니라

마태복음 25:40 ┃ 25:31~45 전체 묵상하기

하나님 사랑이 이웃 사랑으로 대변되어지듯,
그리스도인의 비움은 '나눔'임을 기억합니다.
당신을 향해 비우기로 결정한 것들을
이웃을 향해 흘려보내는 하루가 되게 하소서.

Day 27

행복한 동행

의인들아 여호와를 즐거워하라

시편 33:1

하나님 안에서 기쁘고 즐겁게 사는 것.
하나님의 영광을 위한 삶입니다.

―어느 일본 선교사의 고백

올림픽 금메달을 목에 걸며 예수님을 거론하거나 남우주연상을 수상하며 주님께 감사를 표하는 등, 화려한 조명 아래서 하나님께 영광을 돌려야 한다는 고정관념이 있었습니다. 하지만 한 일본 선교사님의 고백으로 인해 그 고정관념은 깨졌습니다.

오랜 시간 선교사님을 지켜봤습니다. 하루에도 몇 번씩 기도 모임에 참석하고 다른 이들의 필요를 채우며 남는 시간은 자녀들과 보내는 등. 거창한 성과라고 할 만한 것이 없었습니다. 화려한 조명 아래 하나님께 영광 돌리는 모습과는 거리가 먼, 그저 하루하루 바쁘게 살아가는 평범한 가장일 뿐이었습니다.

특이한 점 하나가 눈에 띄더군요. 아무리 바쁘고 힘들어도 유머를 잃지 않았다는 점. 이쯤 되면 얼굴 한번 찡그릴 법도 한데 그는 그런 게 없었습니다. 기회만 되면 농담하고 장난치고, 시종일관 유머를 잃지 않았습니다. 그 모습이 어딘지 모르게 인상적이더군요. 문득 이런 생각이 들었습니다. 어쩌면 이 선교사님이 하나님께 영광 돌리는 방식은 이런 게 아닐지…. 바쁘고 건조하게 반복되는 일상 가운데 유머를 잃지 않는 것. 선교사의 무덤이라 불리는 일본에서 말입니다.

1 나는 어떤 상황에서 재미와 행복을 느끼나요?

2 '하나님 안에서의 행복'과 그냥 '행복'의 차이는 뭘까요?

📖 묵상 노트

너희 의인들아 여호와를 즐거워하라

찬송은 정직한 자들이 마땅히 할 바로다

수금으로 여호와께 감사하고 열 줄 비파로 찬송할지어다

새 노래로 그를 노래하며 즐거운 소리로 아름답게 연주할지어다

여호와의 말씀은 정직하며 그 행하시는 일은 다 진실하시도다

그는 공의와 정의를 사랑하심이여

세상에는 여호와의 인자하심이 충만하도다

시편 33:1~5

오늘의 기도 🔔

하나님.
당신을 통해 얻는 유익 때문이 아닌
당신 자체를 즐거워하고 행복해하는 내가 되고 싶습니다.
하나님으로 인하여 즐거워하는 하루가 되게 하소서.

Day 28

동행의 자리

너희의 하나님 여호와는 위로는 하늘에서도
아래로는 땅에서도 하나님이시니라

여호수아 2:11

혹시 하나님을 교회 안에만 모셔 두고 있지는 않나요?

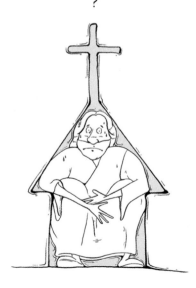

아합 왕 벤하닷은 이스라엘의 하나님은 '산의 신'이므로 평지에
서 싸우면 이길 수 있을 것이라고 말했습니다. 이 분석을 바탕
으로 북이스라엘에 2차 공격을 감행하기로 결심한 것입니다.
하지만 결과는 어땠을까요? 무려 10만의 연합 군대를 동원, 그
들에게 유리한 평지에서 싸웠음에도 대패하고 말았습니다. 거
우 2만 7천 정도만 살아서 도망쳤을 뿐입니다. 하늘과 땅의 하
나님을 '산의 신'으로 제한한 결과입니다.

비웃기만 할 일은 아닙니다. 돌아보면 내게도 벤하닷의 사고관
이 스며 있을 수 있습니다. 하나님을 교회의 신, 주일의 신으로
가둬 두고 있지는 않은지요. 주일이 지나 교회 밖을 벗어나면
믿지 않는 사람과 별반 다를 바 없이 하나님을 투명 인간 취급
하는 삶을 살아가고 있을지도 모르기 때문입니다.

동행의 시작은 교회 안이지만, 동행의 현장은 교회 밖입니다.

1 당신은 일상 속에서 하나님과 어떻게 동행하나요?

2 일터와 삶 속에서 하나님을 체험한 적이 있나요?

📖 묵상 노트

우리가 듣자 곧 마음이 녹았고
너희로 말미암아 사람이 정신을 잃었나니
너희의 하나님 여호와는 위로는 하늘에서도
아래로는 땅에서도 하나님이시니라

여호수아 2:11

때로는 세상이 하나님보다 더 커 보일 때가 있습니다.
하나님이 온 세상의 주인이라는 사실을 머리로는 알면서도
가슴으로 깨우치지는 않기 때문입니다.
온 세상의 주인이신 하나님을 진심으로 인정하고 증거하는
오늘이 되게 하소서.

Day 29

동행의 목적

나의 발을 사슴과 같게 하사
나를 나의 높은 곳으로 다니게 하시리로다

하박국 3:19

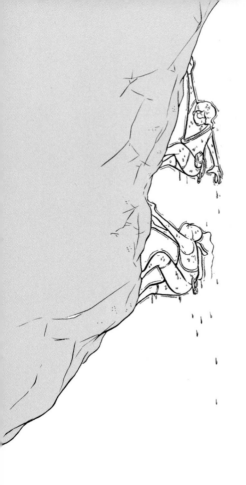

주 여호와는 나의 힘이시라
나의 발을 사슴과 같게 하사
나를 나의 높은 곳으로 다니게 하시리로다

—하박국 3:19

사슴 발을 오해했습니다.

맑고 큰 눈망울을 깜빡이며 새가 지저귀는 숲을 우아하게 거니는 모습으로. 디즈니 만화 아기 사슴 〈밤비〉 때문입니다. 하지만 사슴은 그런 동물이 아니더군요. 사슴은 최대 시속 80킬로미터까지 달릴 수 있고 제자리에서 2, 3미터를 뛰어오를 수 있습니다. 참고로 전직 농구 선수 서장훈의 신장이 2미터 7센티미터입니다. 그 속도와 높이로 바위를 타고 벼랑 끝을 달리며 험준한 산을 제집처럼 드나드는 것입니다.

비결은 '발'에 있었습니다. 단단한 굽과 부드러운 징, 강함과 부드러움의 조화. 사슴은 단단한 굽으로 거친 돌을 차 오르는 동시에 부드러운 징으로 바위 끝을 움켜줍니다. 그 덕분에 절벽을 빠르게 내달리면서도 추락하지 않을 수 있습니다.

"나의 발을 사슴과 같게" 하신다는 것은 반듯하고 평탄한 길로만 인도하신다는 것을 의미하지는 않습니다. 오히려 반대의 경우를 대비시키신다는 의미입니다. 아무리 높고 험준한 산지라도 부르시면 어디든 달려가는 단단한 굽과 언제든 반응하는 유연한 징. 나의 발을 사슴과 같게 하신다는 것은 바로 그런 견고한 발로 만들어 주신다는 의미입니다.

1 가장 많이 흔들릴 때(신앙, 일상 등)는 언제인가요?

2 사슴과 같은 발이 되려면 어떤 부분이 보완되어야 할까요?

오늘
적용
실천

📖 묵상 노트

주 여호와는 나의 힘이시라

나의 발을 사슴과 같게 하사

하박국 3:19

갈대 같은 나는 세상 속에서
하루에도 수십 번씩 흔들리고 또 흔들립니다.
나를 여물게 하시는 당신의 손길을 기대합니다.
단단한 나로 자라나는 오늘 하루가 되게 하소서.

Day 30

동행을 노래하며

주님 나와 동행을 하면서 나를 친구 삼으셨네
우리 서로 받은 그 기쁨은 알 사람이 없도다

C.A. Miles, 1912 / 찬송가 442장

주님 나와 동행을 하면서 나를 친구 삼으셨네.
우리 서로 받은 그 기쁨은 알 사람이 없도다.

저 장미 꽃 위에 이슬

저 장미꽃 위에 이슬 아직 맺혀 있는 그때에
귀에 은은히 소리 들리니 주 음성 분명하다
주님 나와 동행을 하면서 나를 친구 삼으셨네
우리 서로 받은 그 기쁨은 알 사람이 없도다

그 청아한 주의 음성 우는 새도 잠잠케 한다
내게 들리던 주의 음성이 늘 귀에 쟁쟁하다
주님 나와 동행을 하면서 나를 친구 삼으셨네
우리 서로 받은 그 기쁨은 알 사람이 없도다

밤 깊도록 동산 안에 주와 함께 있으려 하나
괴론 세상에 할 일 많아서 날 가라 명하신다
주님 나와 동행을 하면서 나를 친구 삼으셨네
우리 서로 받은 그 기쁨은 알 사람이 없도다

C. A. Miles, 1912 / 찬송가 442장(통일 499장)

1 친구란 어떤 존재일까요?

2 나와 하나님만이 아는 비밀이 있나요?

오늘
적용
실천

📖 묵상 노트

찬송가 442장 <저 장미꽃 위에 이슬>

가사를 음미하며 묵상해 봅시다.

오늘의
기도 🔔

당신이 나를 자녀 삼아 주시고
친구 삼아 주셨다는 것이 기적 중의 기적입니다.
그 감격을 잊지 않는 하루가 되게 하소서.

하나님과의 친밀감을 위해 걸어온
지난 30일을 축복합니다.

나의 발을 사슴과 같게 하사

나를 나의 높은 곳으로 다니게 하시리로다

하박국 3:19

15년 전 감동하며 마음에 새긴 말씀입니다. 나의 발을 사슴 발처럼 만드시겠다는 하나님의 약속, 15년이 지난 지금 저는 정말 그런 발을 갖게 되었을까요?

"당신은 유연하지만 유약한 사람은 아냐…."
아내가 말했습니다. 가장 가까이서 본 사람이 한 말이니 어느 정도 신뢰할 수 있는 말입니다. 첫 책『내 마음이 멈춘 그림묵상』을 출간한 후 강산이 한 번 하고도 반이나 변했으니 그사이 나름 단단해졌나 봅니다.

그렇다고 대단한 사람이 됐다는 의미는 아닙니다. 유명한 작가가 된 것도, 잘나가는 예술가가 된 것도 아닙니다. 세상에서 부러워할 만한 성과를 이룬 것은 하나도 없습니다. 가끔 뭘 이뤘나 싶을 정도입니다.

이 노래는 지휘하는 사람을 위하여

내 수금에 맞춘 것이니라

하박국 3:19

그럼에도 불구하고 잔잔한 감격이 일렁이는 순간이 있습니다. 그분이 약속하신 바가 모두 성취된 내 모습을 볼 때. 특별히 앞서 언급한 '단단함' 같은 것이 그 예입니다. 쉽게 휩쓸리지 않는 마음의 근육 같은 것들이 탄탄히 잡혀 있는 것이 느껴질 때 "내 발이 사슴과 같이" 되어 가고 있다는 생각을 합니다. 하나님은 나의 영혼에 관심을 기울이시며 정말로 모든 약속을 이루시는 분이 맞습니다.

이 책이 지난 30일 동안 당신에게 그런 하나님을 만날 수 있는 계기가 되었기를 바랍니다. 당신과 하나님의 관계가 이전보다 조금이라도 가까워지는 데 기여했다면 충분히 제 몫을 다한 것이라 믿습니다. 더불어 지나간 30일이 앞으로의 30년으로 확장된다면 좋겠습니다. 그리되기를 간절히 소망합니다.

석용욱의
그림묵상
30'days

하나님과의
친밀감

분주한 하루, 하나님 앞에 머무는 10분

개정판 1쇄 발행 2022년 1월 25일
초판 1쇄 발행 2006년 6월 20일

글 · 그림 석용욱

발행인 오연희
편집자 박혜민
디자인 김석범

펴낸곳 처음과 나중
등록 제2012-000032호
주소 서울시 서대문구 응암로28 3동 701호
이메일 books9191@naver.com
ISBN 978-89-98073-09-1
값 12,000원